Das ist Daniel Dachs

Suche bitte im Kästchen daneben alle Buchstaben von „DANIEL" und male sie rot aus.

- Male jetzt ein Bild von dir in den freien Bilderrahmen.
- Schreibe deinen Vornamen in großen Druckbuchstaben hier auf: _____
- Suche die Buchstaben deines Vornamens im Kästchen neben deinem Bild und male sie rot aus.
- Schreibe deinen Nachnamen hier auf: _____
  Kreise die Buchstaben deines Nachnamens mit einem grünen Stift ein.

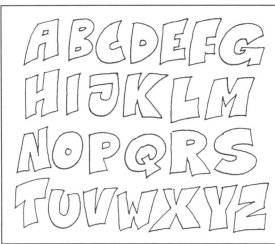

Das ist Daniel Dachs

Suche bitte im Kästchen daneben alle Buchstaben von „DANIEL" und male sie rot aus.

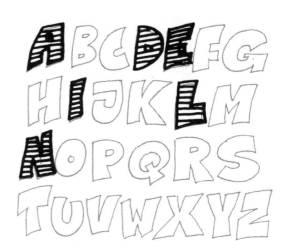

- Male jetzt ein Bild von dir in den freien Bilderrahmen.
- Schreibe deinen Vornamen in großen Druckbuchstaben hier auf: __JULIA__
- Suche die Buchstaben deines Vornamens im Kästchen neben deinem Bild und male sie rot aus.
- Schreibe deinen Nachnamen hier auf: __FINK__

Kreise die Buchstaben deines Nachnamens mit einem grünen Stift ein.

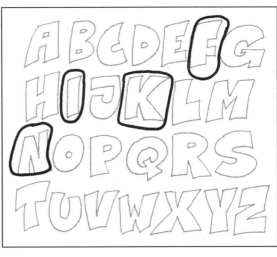

Versteckt!

In Daniels Wohnung sind 23 große Druckbuchstaben versteckt.
Du sollst sie suchen und mit einem roten Stift einkreisen.

- Streiche jetzt die gefundenen 23 Buchstaben auf den ABC-Kärtchen durch.
- Drei Buchstaben bleiben übrig. Trage sie bitte hier ein. ☐ ☐ ☐
- Kannst du aus den drei Buchstaben ein Wort bilden? Dann weißt du auch, wonach Daniel in seiner Wohnung sucht.

Versteckt!

In Daniels Wohnung sind 23 große Druckbuchstaben versteckt.
Du sollst sie suchen und mit einem roten Stift einkreisen.

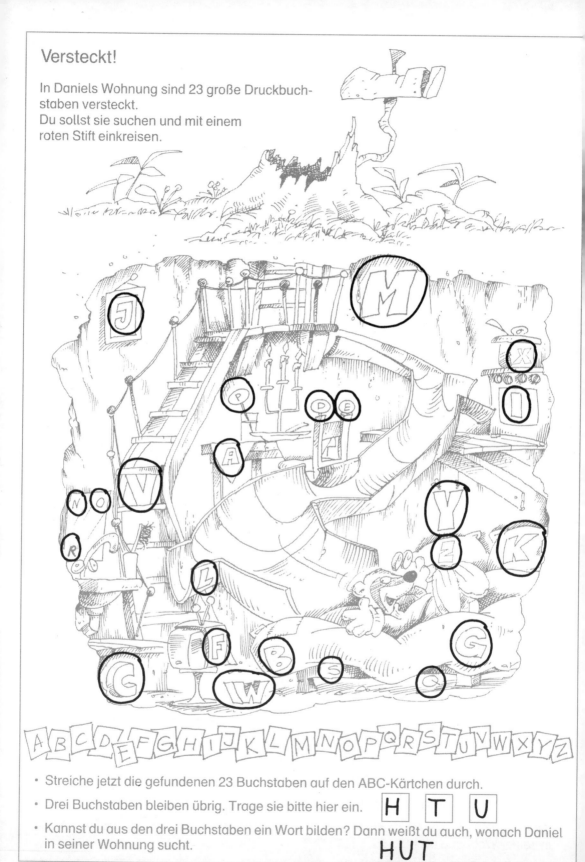

- Streiche jetzt die gefundenen 23 Buchstaben auf den ABC-Kärtchen durch.
- Drei Buchstaben bleiben übrig. Trage sie bitte hier ein. H T U
- Kannst du aus den drei Buchstaben ein Wort bilden? Dann weißt du auch, wonach Daniel in seiner Wohnung sucht.

HUT

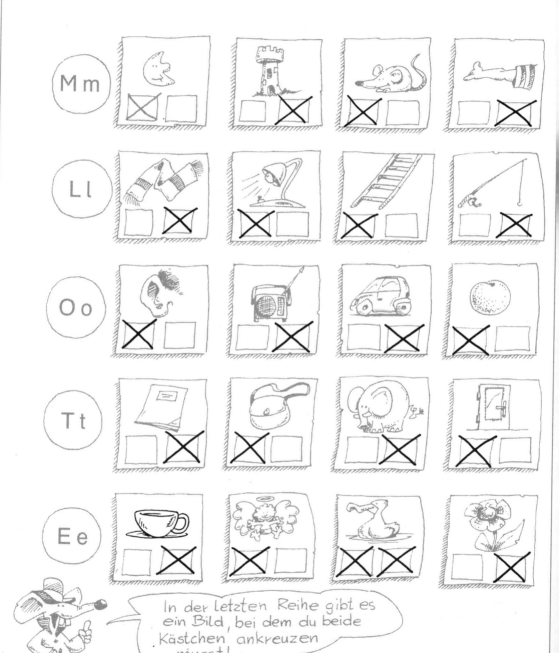

Der Buchstabenregen

Schau genau, was da so alles in den Regentropfen auf die Erde fällt. Fange schnell alle Buchstaben und kreise sie mit einem roten Stift ein.

Trage die Buchstaben aus den Regentropfen in die Kästchen neben ihren großen Brüdern ein.
Ein Buchstabe ist noch nicht aus der Wolke getropft. Weißt du welcher?
Schreibe ihn in den Tropfen vor Daniels Nase und trage ihn dann in das letzte freie Kästchen in der Buchstabenleiste ein.

A	a	B	b	C		D		E		F		G		H		I	
J		K		L		M		N		O		P		Q		R	
S		T		U		V		W		X		Y		Z			

Der Buchstabenregen

Schau genau, was da so alles in den Regentropfen auf die Erde fällt. Fange schnell alle Buchstaben und kreise sie mit einem roten Stift ein.

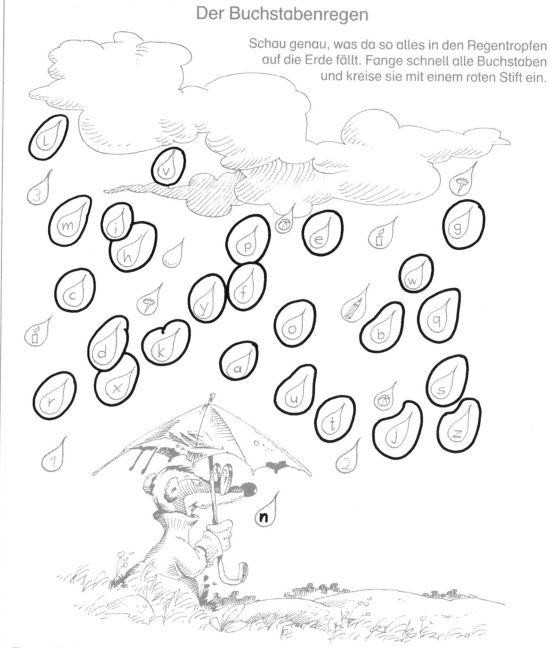

Trage die Buchstaben aus den Regentropfen in die Kästchen neben ihren großen Brüdern ein.
Ein Buchstabe ist noch nicht aus der Wolke getropft. Weißt du welcher?
Schreibe ihn in den Tropfen vor Daniels Nase und trage ihn dann in das letzte freie Kästchen in der Buchstabenleiste ein.

A	a	B	b	C	c	D	d	E	e	F	f	G	g	H	h	I	i
J	j	K	k	L	l	M	m	N	n	O	o	P	p	Q	q	R	r
S	s	T	t	U	u	V	v	W	w	X	x	Y	y	Z	z		

Anfangsbuchstaben gesucht

A B C D E F G H I J K L M N O P Q R S T U V W X Y Z

Welcher Anfangsbuchstabe passt zu allen drei Wörtern?
Trage ihn bitte in das Kästchen ein.

☐	- pfel - rm - ffe	☐	- and - ack - onne	☐	- ag - ür - asse
☐	- atze - ind - önig	☐	- eiter - ampe - icht	☐	- ma - range - fen
☐	- uch - ank - all	☐	- hr - hu - lrike	☐	- aft - ee - ommer
☐	- ose - und - eft	☐	- te - we - fo	☐	- üte - ee - elefon
☐	- orte - ube - iger	☐	- pa - hr - nkel	☐	- ad - egen - ing
☐	- ngel - lefant - nte	☐	- gel - nsel - nge	☐	- tern - essel - alat

Alles richtig? Dann lies die drei eingesetzten Buchstaben in jeder Reihe zusammen.
Sie ergeben jeweils ein Wort.

Anfangsbuchstaben gesucht

A B C D E F G H I J K L M N O P Q R S T U V W X Y Z

Welcher Anfangsbuchstabe passt zu allen drei Wörtern?
Trage ihn bitte in das Kästchen ein.

A - pfel / - rm / - ffe	**S** - and / - ack / - onne	**T** - ag / - ür / - asse
K - atze / - ind / - önig	**L** - eiter / - ampe / - icht	**O** - ma / - range / - fen
B - uch / - ank / - all	**U** - hr / - hu / - lrike	**S** - aft / - ee / - ommer
H - ose / - und / - eft	**U** - te / - we / - fo	**T** - üte / - ee / - elefon
T - orte / - ube / - iger	**O** - pa / - hr / - nkel	**R** - ad / - egen / - ing
E - ngel / - lefant / - nte	**I** - gel / - nsel / - nge	**S** - tern / - essel / - alat

Alles richtig? Dann lies die drei eingesetzten Buchstaben in jeder Reihe zusammen.
Sie ergeben jeweils ein Wort.

Endbuchstaben gesucht

a b c d e f g h i j k l m n o p q r s t u v w x y z

Mit welchem Buchstaben enden alle drei Wörter?
Trage den Buchstaben in das leere Kästchen ein.

Aut- Radi- Ott-		Top- au- fün-		Luf- dor- har-	
Bil- Wal- Mun-		Om- ros- Mam-		Gra- Bu- Hau-	
Tur- war- Bau-		Jun- Sus- Ma-		gu- kal- Zei-	
Han- un- Pfer-		Blum- Has- Birn-		Mutte- vie- Finge-	
Bei- grü- klei-		d- Op- Ann-		Ku- ro- ic-	
rede- zeh- Rege-		d- Uh- z-		Bä- kla- wa-	

Kontrolliere:
Die drei eingesetzten Buchstaben in jeder Reihe ergeben ein Wort.

Endbuchstaben gesucht

Mit welchem Buchstaben enden alle drei Wörter?
Trage den Buchstaben in das leere Kästchen ein.

Aut- Radi- Ott-	o	Top- au- fün-	f	Luf- dor- har-	t
Bil- Wal- Mun-	d	Om- ros- Mam-	a	Gra- Bu- Hau-	s
Tur- war- Bau-	m	Jun- Sus- Ma-	i	gu- kal- Zei-	t
Han- un- Pfer-	d	Blum- Has- Birn-	e	Mutte- vie- Finge-	r
Bei- grü- klei-	n	d- Op- Ann-	a	Ku- ro- ic-	h
rede- zeh- Rege-	n	d- Uh- z-	u	Bä- kla- wa-	r

Kontrolliere:
Die drei eingesetzten Buchstaben in jeder Reihe ergeben ein Wort.

Das Geschenk

Daniel hat ein Geschenk von Tante Emmi bekommen. Schnell öffnet er das Paket.
Möchtest du wissen, warum Daniel vor Freude einen Luftsprung macht?

- Trage die fehlenden Buchstaben in die Alphabetreihen ein. Wenn du alles richtig machst, kannst du von oben nach unten lesen, was Daniel bekommen hat.

- Worüber würdest du dich so freuen, dass du gleich einen Luftsprung machen würdest?

Das Geschenk

Daniel hat ein Geschenk von Tante Emmi bekommen. Schnell öffnet er das Paket. Möchtest du wissen, warum Daniel vor Freude einen Luftsprung macht?

- Trage die fehlenden Buchstaben in die Alphabetreihen ein. Wenn du alles richtig machst, kannst du von oben nach unten lesen, was Daniel bekommen hat.

- Worüber würdest du dich so freuen, dass du gleich einen Luftsprung machen würdest?

Aufgepasst!

- Sprich die Namen von jeder Person, jedem Tier oder Ding deutlich aus. Beginnt das Wort mit den angegebenen Buchstaben? Dann darfst du den Kreis mit einem Buntstift ausmalen.

Alles richtig gemacht? So kannst du kontrollieren:

- Zähle in jeder Spalte von oben nach unten nur die ausgemalten Kreise und vergleiche mit der Kontrollzahl.

Aufgepasst!

- Sprich die Namen von jeder Person, jedem Tier oder Ding deutlich aus. Beginnt das Wort mit den angegebenen Buchstaben? Dann darfst du den Kreis mit einem Buntstift ausmalen.

Alles richtig gemacht? So kannst du kontrollieren:

- Zähle in jeder Spalte von oben nach unten nur die ausgemalten Kreise und vergleiche mit der Kontrollzahl.

Partnersuche

- Suche in jeder Reihe die zwei Begriffe, die mit den gleichen Buchstaben beginnen. Kreise die Bilder ein.
- Schreibe dann den Anfangsbuchstaben dieser beiden Wörter auf.

Partnersuche

- Suche in jeder Reihe die zwei Begriffe, die mit den gleichen Buchstaben beginnen. Kreise die Bilder ein.
- Schreibe dann den Anfangsbuchstaben dieser beiden Wörter auf.

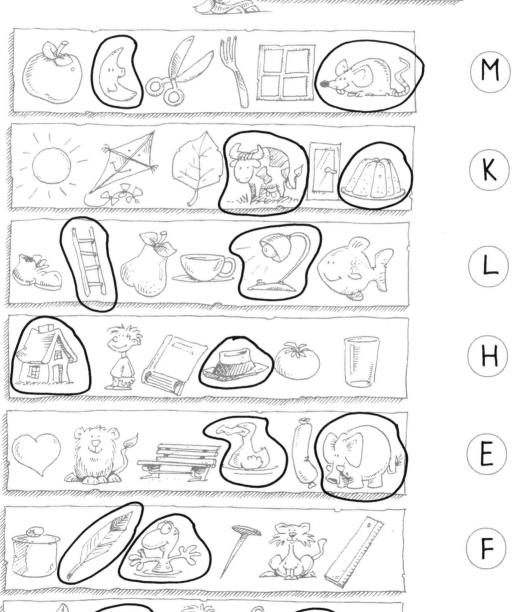

Von A – Z

Verbinde bitte die Buchstaben in der richtigen Reihenfolge von A – Z.

Von A – Z

Verbinde bitte die Buchstaben in der richtigen Reihenfolge von A – Z.

Wer fehlt?

In jedem Kästchen fehlt ein Buchstabe. Kontrolliere genau.
- Trage den fehlenden Buchstaben in den Kreis ein.

Kofferpacken

A B C D E F G H I J K L M N O P Q R S T U V W X Y Z

Daniel will verreisen und hat eine Liste geschrieben, was er alles mitnehmen möchte.
• Kannst du die Sachen nach dem Alphabet geordnet in Daniels Koffer packen?

Tipp: Spielt doch mal „Kofferpacken" nach dem Alphabet.
„Ich packe in meinen Koffer eine **A**meise, ein **B**uch, einen **C**lown usw.

Kofferpacken

A B C D E F G H I J K L M N O P Q R S T U V W X Y Z

Daniel will verreisen und hat eine Liste geschrieben, was er alles mitnehmen möchte.

- Kannst du die Sachen nach dem Alphabet geordnet in Daniels Koffer packen?

Tipp: Spielt doch mal „Kofferpacken" nach dem Alphabet.
„Ich packe in meinen Koffer eine **A**meise, ein **B**uch, einen **C**lown usw.

Das Wörterrätsel

In jedem Alphabet-Kästchen fehlen drei Buchstaben. Schreibe sie bitte in die Kreise daneben. Stelle dann die drei Buchstaben so um, dass sie ein Wort ergeben und schreibe das Wort auf.

Die Zahlen über den Kreisen helfen dir!

Das Wörterrätsel

In jedem Alphabet-Kästchen fehlen drei Buchstaben. Schreibe sie bitte in die Kreise daneben. Stelle dann die drei Buchstaben so um, dass sie ein Wort ergeben und schreibe das Wort auf.

Die Zahlen über den Kreisen helfen dir!

a b c d e f h i
j k l m n o p q
r s v w x y z

1 3 2
(g) (t) (u)   gut

a b c d e f g
h j k l n o p q
r s u v w x y z

2 1 3
(i) (m) (t)   mit

a b c d e f g h
i j k l m n p
q s u v w x y z

2 1 3
(o) (r) (t)   rot

b c e f g h i
j k l m n o p q
r t u v w x y z

2 1 3
(a) (d) (s)   das

a b c d e g h i
j k l m n p q r
s u v w x y z

2 1 3
(f) (o) (t)   oft

a b c e f g h
i j k l m o p q
r s t v w x y z

3 2 1
(d) (n) (u)   und

Die Irrgärten für Buchstaben

Auf welchen Wegen kommen die kleinen Buchstaben ganz schnell zu den großen?

- Spure die Wege zuerst mit dem Finger nach.
- Versuche die Wege dann nur mit den Augen zu finden.
- Zeichne die Wege mit Bleistift ein.

Die Irrgärten für Buchstaben

Auf welchen Wegen kommen die kleinen Buchstaben ganz schnell zu den großen?
- Spure die Wege zuerst mit dem Finger nach.
- Versuche die Wege dann nur mit den Augen zu finden.
- Zeichne die Wege mit Bleistift ein.

Die Buchstabenreihen

In jede Reihe hat sich ein Buchstabe eingeschlichen, der dort nicht hingehört.
Findest du die Störenfriede? Dann kreise sie bitte ein.

| a | b | c | d | e | f | g | h | (t) | i | j |

| d | e | f | g | h | i | u | j | k | l | m |

| l | m | n | o | p | q | r | s | g | t | u |

| c | d | e | f | r | g | h | i | j | k | l | m |

| n | o | p | q | r | s | t | u | v | w | x | h |

| g | h | i | j | k | l | m | n | e | o | p |

| e | f | g | h | i | j | k | s | l | m | n |

- Trage die eingekreisten Buchstaben von unten nach oben hier ein:

◯ ◯ ◯ ◯ ◯ ◯ ◯

Daniels Spezialaufgabe

Wenn man die Wochentage nach dem Alphabet ordnet, steht der Dienstag an erster Stelle.

Welcher Tag steht an letzter Stelle?

Die Buchstabenreihen

In jede Reihe hat sich ein Buchstabe eingeschlichen, der dort nicht hingehört. Findest du die Störenfriede? Dann kreise sie bitte ein.

| a | b | c | d | e | f | g | h | ⓣ | i | j |

| d | e | f | g | h | i | ⓤ | j | k | l | m |

| l | m | n | o | p | q | r | s | ⓖ | t | u |

| c | d | e | f | ⓡ | g | h | i | j | k | l | m |

| n | o | p | q | r | s | t | u | v | w | x | ⓗ |

| g | h | i | j | k | l | m | n | ⓔ | o | p |

| e | f | g | h | i | j | k | ⓢ | l | m | n |

- Trage die eingekreisten Buchstaben von unten nach oben hier ein:

ⓢ ⓔ ⓗ ⓡ ⓖ ⓤ ⓣ

Daniels Spezialaufgabe

Wenn man die Wochentage nach dem Alphabet ordnet, steht der Dienstag an erster Stelle.

Welcher Tag steht an letzter Stelle?

Sonntag

Das Buchstabenlabyrinth

- Spure den Weg von jedem großen Buchstaben zum leeren Kästchen nach und trage dort den passenden kleinen Buchstaben ein.

Das Buchstabenlabyrinth

- Spure den Weg von jedem großen Buchstaben zum leeren Kästchen nach und trage dort den passenden kleinen Buchstaben ein.

Der Ausflug

Veronika, die Wanderratte, macht einen kleinen Ausflug zum Dachslbacher Weiher. Natürlich wandert Veronika immer brav dem Alphabet entlang.

- Kannst du den Wanderweg einzeichnen?

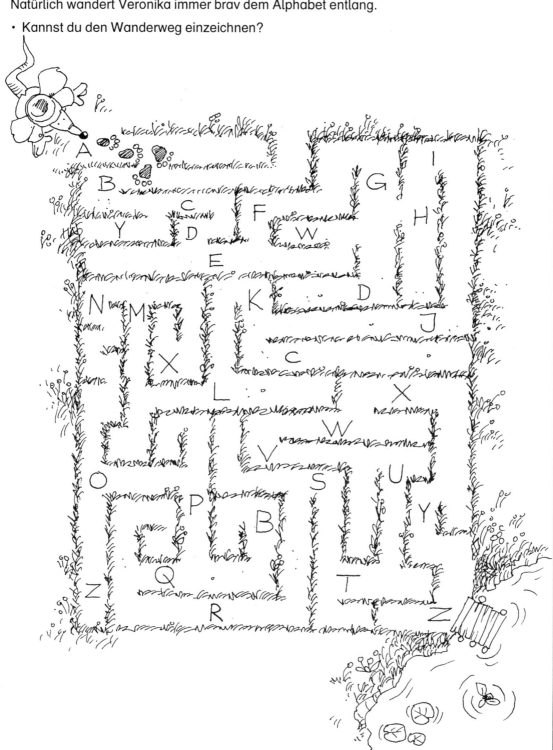

Der Ausflug

Veronika, die Wanderratte, macht einen kleinen Ausflug zum Dachslbacher Weiher. Natürlich wandert Veronika immer brav dem Alphabet entlang.

- Kannst du den Wanderweg einzeichnen?

Von Punkt zu Punkt

- Verbinde zuerst alle großen Buchstaben von A – Z mit einem grünen Stift.
- Verbinde dann alle kleinen Buchstaben von a – z mit einem roten Stift.

Von Punkt zu Punkt

- Verbinde zuerst alle großen Buchstaben von A – Z mit einem grünen Stift.
- Verbinde dann alle kleinen Buchstaben von a – z mit einem roten Stift.

Logo!

- Male und schreibe bitte jede Zeile fertig.

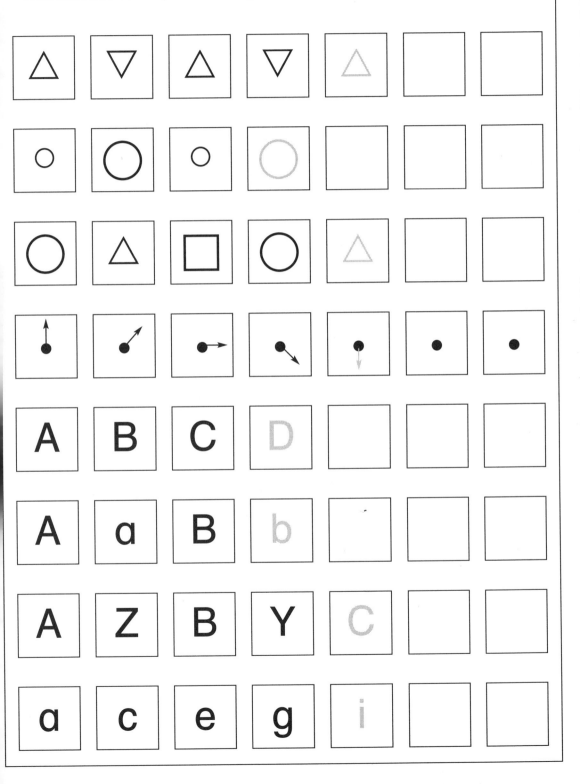

Logo!

- Male und schreibe bitte jede Zeile fertig.

Daniels Bilderlabyrinth

Daniels Irrgarten besteht aus lauter Bildern. Der Weg durch den Irrgarten vom Start zum Ziel ist nicht schwierig. Gehe nur durch solche Kästchen, in denen du einen Begriff mit dem Anfangsbuchstaben (T) siehst.

- Male die Felder mit T-Wörtern rot aus.

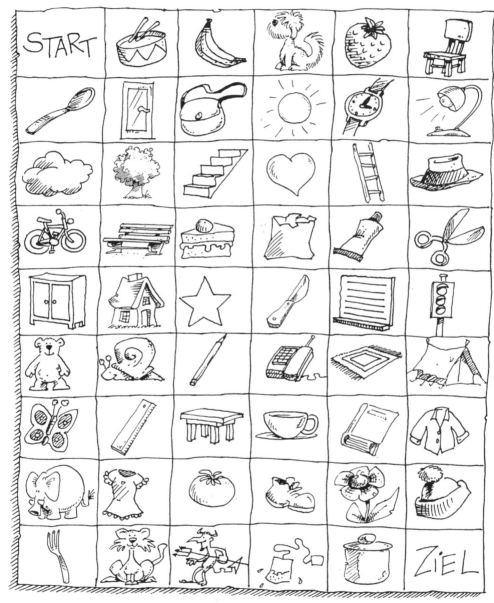

- Welche T-Wörter sind gemeint? Ergänze die fehlenden Buchstaben.

| _ o r _ _ | _ a s s _ | T _ _ m m _ _ | _ _ p p _ _ _ |
| _ e _ e _ o _ | _ _ p f | T _ _ f _ _ | _ _ s c h _ |

Daniels Bilderlabyrinth

Daniels Irrgarten besteht aus lauter Bildern. Der Weg durch den Irrgarten vom Start zum Ziel ist nicht schwierig. Gehe nur durch solche Kästchen, in denen du einen Begriff mit dem Anfangsbuchstaben (T) siehst.

- Male die Felder mit T-Wörtern rot aus.

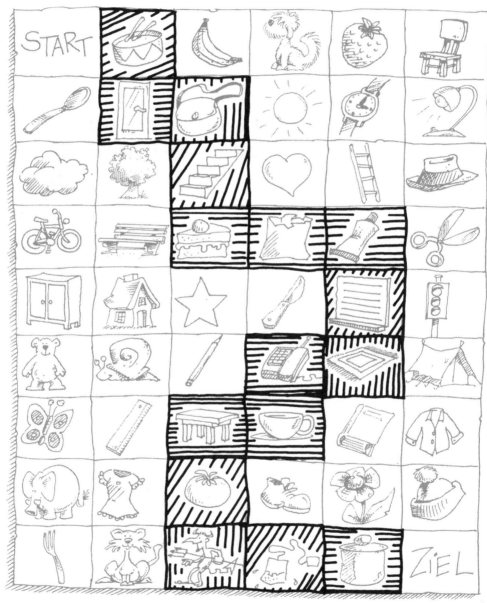

- Welche T-Wörter sind gemeint? Ergänze die fehlenden Buchstaben.

| T o r t e | T a s s e | T r o m m e l | T e p p i c h |
| T e l e f o n | T o p f | T e u f e l | T a s c h e |

Der Buchstabeneintopf

Daniel kocht heute sein Lieblingsgericht: Buchstabeneintopf.
Auf dem Rezept steht, dass nur solche Zutaten in den Eintopf kommen, in deren Namen ein (r) zu hören ist.

- Verbinde bitte alle Zutaten, die in den Eintopf gehören, mit Daniels Topf.
- Streiche alle anderen Zutaten (4) durch.

- Bestimmt fallen dir noch weitere Zutaten für Daniels Eintopf ein. Schreibe sie hier auf.

Der Buchstabeneintopf

Daniel kocht heute sein Lieblingsgericht: Buchstabeneintopf.
Auf dem Rezept steht, dass nur solche Zutaten in den Eintopf kommen, in deren Namen ein (r) zu hören ist.

- Verbinde bitte alle Zutaten, die in den Eintopf gehören, mit Daniels Topf.
- Streiche alle anderen Zutaten (4) durch.

- Bestimmt fallen dir noch weitere Zutaten für Daniels Eintopf ein. Schreibe sie hier auf.

Gurke, Uhr, Kran, Turnschuh, Kerne, Stern,
Orange, Gras, Radio, Schirm, Wasser, Kartoffel

Gute Nachbarn

- Ergänze bitte am Rand die fehlenden Buchstaben. Achte darauf, ob du große oder kleine Buchstaben eintragen sollst.

- Trage bitte in jedes Kästchen den Vorgänger und den Nachfolger ein.

Gute Nachbarn

- Ergänze bitte am Rand die fehlenden Buchstaben. Achte darauf, ob du große oder kleine Buchstaben eintragen sollst.

- Trage bitte in jedes Kästchen den Vorgänger und den Nachfolger ein.

Die Gespenstertiere

Die Tiere haben sich als Gespenster verkleidet. Kannst du erraten, welches Tier unter welchem Tuch ist?

- Ordne zuerst die Buchstaben von jedem Tiernamen nach dem Alphabet und trage ihn ins Kästchen ein.
- Verbinde dann jedes Kästchen mit dem entsprechenden Gespenst.

- Schreibe deinen Vornamen in großen Druckbuchstaben hier auf:

- Wie würdest du heißen, wenn die Buchstaben in deinem Namen nach dem Alphabet geordnet wären?
  Schreibe deinen „neuen" Namen hier auf:

Die Gespenstertiere

Die Tiere haben sich als Gespenster verkleidet. Kannst du erraten, welches Tier unter welchem Tuch ist?

- Ordne zuerst die Buchstaben von jedem Tiernamen nach dem Alphabet und trage ihn ins Kästchen ein.
- Verbinde dann jedes Kästchen mit dem entsprechenden Gespenst.

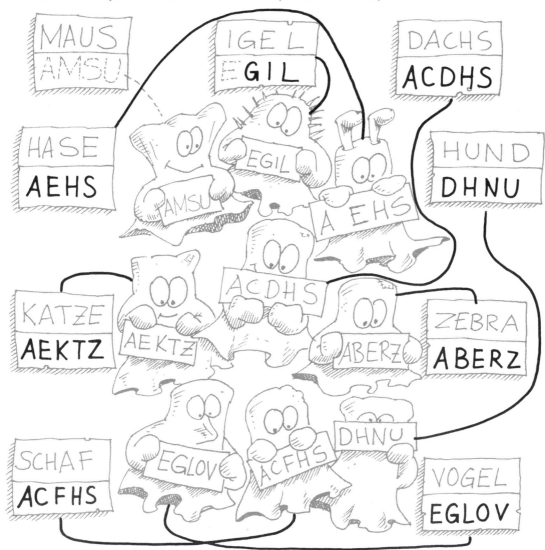

- Schreibe deinen Vornamen in großen Druckbuchstaben hier auf:

  JULIA

- Wie würdest du heißen, wenn die Buchstaben in deinem Namen nach dem Alphabet geordnet wären?
  Schreibe deinen „neuen" Namen hier auf: AIJLU

Zauberei

Was zaubert der berühmte Danielo aus seinem Zylinder? Du bekommst es heraus, wenn du die sechs Buchstaben im Zylinder rot ausmalst.

- Ordne die sechs Buchstaben nach dem Alphabet und trage sie in die obere Kästchenreihe ein.

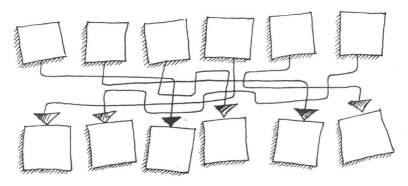

- Spure die Verbindungslinien nach und trage die Buchstaben in die unteren Kästchen ein. Jetzt kannst du lesen, was Danielo aus dem Zylinder gezaubert hat.

Zauberei

Was zaubert der berühmte Danielo aus seinem Zylinder? Du bekommst es heraus, wenn du die sechs Buchstaben im Zylinder rot ausmalst.

- Ordne die sechs Buchstaben nach dem Alphabet und trage sie in die obere Kästchenreihe ein.

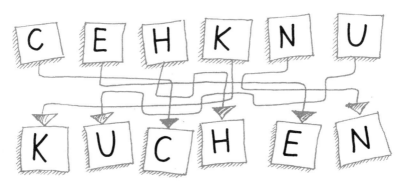

- Spure die Verbindungslinien nach und trage die Buchstaben in die unteren Kästchen ein. Jetzt kannst du lesen, was Danielo aus dem Zylinder gezaubert hat.

Das Buchstabenentwurstelspiel

- Ordne die Buchstaben so, dass sinnvolle Wörter entstehen. Die Bilder am Rand helfen dir dabei.
- Trage die Wörter in das Rätselgitter ein.

Das Buchstabenentwurstelspiel

- Ordne die Buchstaben so, dass sinnvolle Wörter entstehen. Die Bilder am Rand helfen dir dabei.
- Trage die Wörter in das Rätselgitter ein.

Daniels Wörterquiz

Daniel hat sich ein besonders schwieriges Rätsel ausgedacht. Du sollst Wörter suchen, die mit dem Buchstaben im grauen Kästchen beginnen und mit dem Buchstaben im weißen Kästchen enden, z. B.: B a d.

• Schreibe die passenden Wörter auf die Zeilen. Die Bilder helfen dir!

Daniels Wörterquiz

Daniel hat sich ein besonders schwieriges Rätsel ausgedacht. Du sollst Wörter suchen, die mit dem Buchstaben im grauen Kästchen beginnen und mit dem Buchstaben im weißen Kästchen enden, z. B.: B a d.

- Schreibe die passenden Wörter auf die Zeilen. Die Bilder helfen dir!

B	W	S	K
Bad	Wolke	Saft	Kern
Bild	Watte	Stift	Kuchen
Band	Wespe	Salat	Karin
Bernd	Wanne	Spott	Kirschen
Bund	Wette	Spalt	Korn
d	e	t	n

M	Z	F	
Messer	Zettel	Fisch	Tipp: Auch Vornamen sind erlaubt!
Mutter	Ziegel	Floh	
Maler	Zoll	Frosch	
Meter	Zipfel	Fach	
Mauer	Ziel	Fleisch	
r	l	h (ch,sch)	

Das ABC-Menü

Daniel und Vroni bestellen im Restaurant das ABC-Menü.
Natürlich werden alle Speisen in alphabetischer Reihenfolge serviert.

- Was gibt es zuerst zu essen, was danach?
  Ordne die Speisen nach dem Alphabet.

Seerosen-sülze	Erdbeer-schnitzel	Honig-grütze	Weinblätter in Tomatensauce	Pizza	Karotten-Burger
○	○	○	○	○	○
①	②	③	④	⑤	⑥

- Finde lustige Speisen von A – Z: **A**nanaseintopf, **B**laubeerensuppe ...
  Schreibe sie auf ein Extrablatt und male dazu.
- Stelle dein eigenes ABC-Menü zusammen.

Das ABC-Menü

Daniel und Vroni bestellen im Restaurant das ABC-Menü.
Natürlich werden alle Speisen in alphabetischer Reihenfolge serviert.

- Was gibt es zuerst zu essen, was danach?
  Ordne die Speisen nach dem Alphabet.

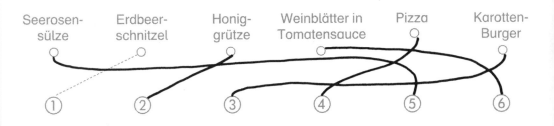

- Finde lustige Speisen von A – Z: **A**nanaseintopf, **B**laubeerensuppe …
  Schreibe sie auf ein Extrablatt und male dazu.
- Stelle dein eigenes ABC-Menü zusammen.

Brombeerquark, Fischstäbchen, Kartoffelsuppe, Meloneneis, Spinatnudeln

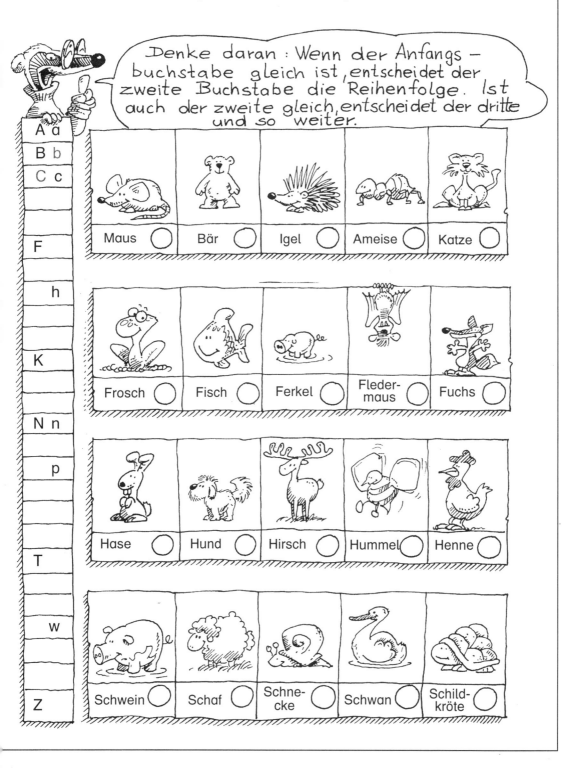

Wörter mit K

- Trage bitte unter den Bildern die Anfangsbuchstaben der Wörter ein.

- Schreibe die Wörter jetzt nach dem Alphabet geordnet auf die Zeilen.

Kamm

Kanne

Kugel

Wörter mit K

- Trage bitte unter den Bildern die Anfangsbuchstaben der Wörter ein.

Achtung! Ist der erste Buchstabe gleich, so entscheidet der zweite die Reihenfolge!

- Schreibe die Wörter jetzt nach dem Alphabet geordnet auf die Zeilen.

Kamm	Knochen
Kanne	Knopf
Kerze	Knoten
Kette	Kran
Kinderwagen	Krebs
Kirschen	Krokodil
Kissen	Krone
Klavier	Kuchen
Kleid	Kugel

Ist auch der zweite Buchstabe gleich, entscheidet der dritte Buchstabe die Reihenfolge usw.

Die Wörterverwandlungsmaschine

Daniel hat eine tolle Maschine erfunden!
Die Maschine fügt den Wörtern ein Ⓡ oder ⓡ hinzu, sodass neue Wörter entstehen.

- Schreibe bitte die neuen Wörter auf die Zeilen.

hart

- Fällt dir noch ein Wort ein, das du mit der Maschine verwandeln möchtest?

    Dann schreibe es hier auf:

Die Wörterverwandlungsmaschine

Daniel hat eine tolle Maschine erfunden!
Die Maschine fügt den Wörtern ein (R) oder (r) hinzu, sodass neue Wörter entstehen.

- Schreibe bitte die neuen Wörter auf die Zeilen.

hart		Fischer
Messer		Gras
rein	Reis	Brett
recht	Rauch	Falter
Brauch	Wetter	Regal

- Fällt dir noch ein Wort ein, das du mit der Maschine verwandeln möchtest?
  Dann schreibe es hier auf: Tee, Teer ;   stumpf, Strumpf

Daniels Namenrätsel

Daniel hat eine kleine Schwester bekommen und sich auch schon einen hübschen Namen für sie überlegt. Du findest den Namen heraus, wenn du das folgende Rätsel löst:

- Suche in jeder Zeile den Buchstaben, der in allen drei Wörtern vorkommt. Schreibe ihn ins Kästchen daneben.

HASE	KATZE	BANK	⇨	
BIRNE	KÖNIG	PILZ	⇨	
GRAS	ARM	PFERD	⇨	
WOLKE	OMA	BROT	⇨	
TISCH	ZELT	ENTE	⇨	
KORB	FERKEL	KIND	⇨	
FINGER	RING	BILD	⇨	
VASE	PULVER	VOLK	⇨	

- Lies jetzt die Buchstaben in den Kästchen von unten nach oben zusammen. Wie heißt Daniels Schwesterchen?

Daniels Namenrätsel

Daniel hat eine kleine Schwester bekommen und sich auch schon einen hübschen Namen für sie überlegt. Du findest den Namen heraus, wenn du das folgende Rätsel löst:

- Suche in jeder Zeile den Buchstaben, der in allen drei Wörtern vorkommt. Schreibe ihn ins Kästchen daneben.

HASE	KATZE	BANK	➪ A
BIRNE	KÖNIG	PILZ	➪ I
GRAS	ARM	PFERD	➪ R
WOLKE	OMA	BROT	➪ O
TISCH	ZELT	ENTE	➪ T
KORB	FERKEL	KIND	➪ K
FINGER	RING	BILD	➪ I
VASE	PULVER	VOLK	➪ V

- Lies jetzt die Buchstaben in den Kästchen von unten nach oben zusammen. Wie heißt Daniels Schwesterchen? **VIKTORIA**

Achtung geheim!

Daniel hat eine neue Geheimschrift erfunden!
Er schreibt für jeden Buchstaben den Nachfolger auf, also für A schreibt Daniel B, für l schreibt er m usw.
Kannst du die Geheimbotschaft lesen, die Daniel seinen Freunden geschickt hat?

- Trage die richtigen Buchstaben in die leeren Kästchen ein.

Jetzt kannst du bestimmt auch diese Wörter übersetzen:

Achtung geheim!

Daniel hat eine neue Geheimschrift erfunden!
Er schreibt für jeden Buchstaben den Nachfolger auf, also für A schreibt Daniel B, für l schreibt er m usw.
Kannst du die Geheimbotschaft lesen, die Daniel seinen Freunden geschickt hat?

- Trage die richtigen Buchstaben in die leeren Kästchen ein.

Jetzt kannst du bestimmt auch diese Wörter übersetzen:

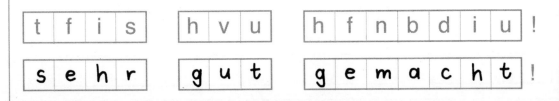